# Leichte Fleischküche
## und Vegetarisches

Besonders schmackhaft
durch beste Qualität

KRENN

# Inhalt

## Brot und Aufstriche

| | |
|---|---|
| 4 | Apfel-Zwiebel-Aufstrich |
| 6 | Griechischer Aufstrich |
| 8 | Auberginen-Tomaten-Aufstrich |
| 8 | Avocado-Kürbis-Aufstrich |
| 10 | Wildkräuter-Pesto |
| 12 | Dinkelbaguette mit Thymian und Zwiebel |
| 14 | Flammbrot |
| 16 | Lachs-Aufstrich |
| 18 | Tomatenaufstrich |

## Vorspeisen und Salate

| | |
|---|---|
| 20 | Buchweizenlasagne |
| 22 | Dinkellaibchen auf Brennesselspinat |
| 24 | Frischkost „Schatten, Licht und Sonne" |
| 26 | Gemüse-Emmer-Lasagne |
| 28 | Kartoffel-Weißwurststrudel |
| 30 | Kürbisscheiben mit Käsehaube |
| 32 | Kohlrabi mit Quinoafülle |
| 34 | Kichererbsentaler mit Knoblauch-Kräuter-Sauce |
| 36 | Moussaka |
| 38 | Rindersülzchen |
| 40 | Risotto mit Apfel-Avocado |
| 42 | Risotto mit Gorgonzola und Birne |
| 44 | Rote Bete-Carpaccio mit gekräutertem Hüttenkäse |
| 46 | Rote Bete-Maultaschen und -Türmchen |
| 48 | Rote Bete-Süßkartoffelpüree mit karamellisiertem Chicoree |
| 50 | Seitan-Stew |
| 52 | Süßer Tomatensalat (Marokkanische Spezialität) |
| 54 | Tomatenterrine im Glas |
| 56 | Ziegenkäse unter der Nusskruste |

## Suppen

| | |
|---|---|
| 58 | Braune Kalbsbrühe |
| 59 | Brunnenkressesuppe mit Quarknocken |
| 60 | Curry-Papaya-Suppe |
| 62 | Fischsuppe Halaszle |
| 63 | Klare Tomatensuppe mit Käsenockerl und Basilikum |

## Hauptspeisen

| | |
|---|---|
| 64 | Beiriedroulade mit Rucola |
| 66 | Festtagsbraten |
| 68 | Hirschrücken mit cremiger Polenta |
| 70 | Hühnerfilet mit Ziegencamembert |
| 72 | Mit Semmelbrot gefüllte Kalbsbrust in Dunkelbiersoße |
| 74 | Kalbsfilet im Strudelteig mit gefüllten Kartoffeln |
| 76 | Geschmorte Kalbshaxe an zitronisiertem Knollengemüse |
| 78 | Kalbsnierchen mit Bohnenpüree |
| 80 | Kalbstafelspitz mit Schupfnudeln und Schnittlauchschaum |
| 82 | Lammrücken mit Schupfnudeln |
| 84 | Rosagebratener Lammrücken mit Knoblauchpolenta |
| 86 | Lammrücken mit Kräuterkruste an Ratatouille-Gemüse und Würfelkartoffeln |
| 88 | Geschmorte Ochsenbacke |
| 90 | Poularde mit Spargel |
| 92 | Rehmedaillons mit Rahmkohl |
| 94 | Rosa gebratene Rinderlende mit Gemüse vom Grill |
| 96 | Rinderstreifen auf Schlangengemüse mit Weißweinschaum |
| 98 | Schweinerückensteak mit Bärlauchrisotto |
| 100 | Rosa gebratenes Schweinefilet mit Balsamicolinsen |
| 102 | Schweinefilet im Kartoffelmantel auf gegrilltem Spargel |
| 104 | Schweinerückensteak mit Oliven-Kruste |
| 106 | Tagliata Grafenast |
| 108 | Tagliata vom Rind |
| 110 | Tofu-Räucherlachs-Saltimbocca mit Pestospaghetti |
| 112 | Waldstaudenburger |
| 114 | Weideschweinkotelett mit Ofengemüse |
| 116 | Zanderfilet mit Limettensauce, Blattspinat und Butterkartoffeln |

## Mehlspeisen und Desserts

| | |
|---|---|
| 118 | Buttermilchschmarrn |
| 120 | Rhabarber-Streuselkuchen |
| 122 | Rosinensemmeln |
| 124 | Kamut-Grießflammerie mit roter Beerengrütze an Vanillesauce |

ABKÜRZUNGEN:
PKG. Packung
Stk. Stück
G Gramm
KG Kilogramm
EL Esslöffel
TL Teelöffel
L Liter
ml Milliliter
CL Zentiliter
MSP. Messerspitze

Kenners LandLust

# Apfel-Zwiebel-Aufstrich

**Zutaten**

150 g Zwiebel

150 g Äpfel

100 g geröstete Sonnenblumenkerne

Salz, Pfeffer

Olivenöl

Zwiebel schälen, halbieren und in feine Streifen schneiden. In einer Pfanne mit Olivenöl goldbraun braten.

Äpfel entkernen, reiben und dazugeben. Sonnenblumenkerne untermischen und mit Salz und Pfeffer abschmecken.

Bio-Landpension Monika

# Griechischer Aufstrich

**Zutaten für 2 Personen**

100 g Feta
2 EL Magerquark
1 EL Olivenöl
3–4 getrocknete Tomaten
7 grüne Oliven
Salz, Pfeffer

Feta mit einer Gabel zerdrücken, getrocknete Tomaten und Oliven in kleine Stücke schneiden und alles in einer Schüssel verrühren.

Den Quark beigeben und zum Schluss mit dem Olivenöl, Salz und Pfeffer abschmecken.

**TIPP:** Etwas Liebstöckel klein hacken und untermischen!

Leichte Fleischküche und Vegetarisches   Brot und Aufstriche

Menschels Vitalresort ★★★★

# Auberginen-Tomaten-Aufstrich

**Zutaten**

1 Aubergine
100 g getrocknete Tomaten
(in Öl oder am Vortag in Wasser eingeweicht)
2 EL Orangensenf
1 EL gerösteter Sesam
100 g weiche Margarine
Olivenöl, Salz, Pfeffer

Aubergine klein schneiden, mit den Tomaten in etwas Olivenöl anbraten, mit etwas Tomatenwasser ablöschen und mit geschlossenem Deckel bei niedriger Hitze 10 Minuten kochen.

Etwas abkühlen lassen und zusammen mit dem Senf in einer Küchenmaschine vermengen.

Margarine und Sesam zugeben, mit Salz und Pfeffer abschmecken und kaltstellen.

# Avocado-Kürbis-Aufstrich

**Zutaten**

2 Avocados
Saft von 1 Zitrone
¼ Hokkaido Kürbis
2 EL Chilisauce
30 g geröstete Kürbiskerne
1 EL Kürbiskernöl
100 g Margarine
Salz, Pfeffer

Kürbis in walnussgroße Stücke schneiden und weichkochen.

Avocados halbieren, entkernen und das Fruchtfleisch mit einem Löffel auslösen, in eine Schüssel geben, Zitronensaft darüber träufeln und mit einer Gabel grob zerdrücken.

Die Avocadomasse mit dem Kürbis, Chilisauce und Öl in der Küchenmaschine zu einer homogenen Masse verarbeiten. Margarine und Kürbiskerne zugeben, mit Salz und Pfeffer abschmecken und kaltstellen.

Landgut Tiefleiten

# Wildkräuter-Pesto

### Zutaten

200 ml Öl nach Belieben.
2 TL grobes Meersalz
Stängel/Blätter
3–6 Löwenzahnblätter von der inneren Rosette
3–4 Schafgarbenblätter
8–10 Wiesenschaumkraut
10 Bärlauchblätter
5–6 Brunnenkresse-Zweiglein
4–5 Gundermann blätter
10 Brennesselspitzen
3–5 Goldnessel
5–7 Spitzwegerich

Alle Zutaten in beliebiger Menge im Mixer pürieren oder in einem großen Mörser zerstampfen und kaltstellen.

**TIPP:** Das Wildkräuter-Pesto eignet sich gut für Nudeln, Tomaten, Kräuterfrischkäse, aufs Brot oder zu Kartoffeln.

Bis in den Sommer hinein kann man tolle Wild-Kräuter sammeln.

# Dinkelbaguette
## mit Thymian und Zwiebel

**Zutaten**

1 Würfel Hefe
1 EL Honig
1 TL Salz
350 ml Wasser
600 g Dinkel-Vollkornmehl
1 TL Thymian
1 Zwiebel
60 ml Olivenöl

Hefe zusammen mit Honig und Salz in warmem Wasser auflösen und mit dem Dinkelmehl mischen. Kräftig kneten und den Thymian zugeben.

Zwiebel schälen, fein würfeln, in einer Pfanne mit Olivenöl braten und anschließend mit 60 ml Olivenöl unter den Teig kneten. 30 Minuten ruhen lassen und erneut durchkneten.

Teig auf einer bemehlten Arbeitsfläche zu Baguettes formen und diese bei 160 °C im vorgeheizten Ofen 25 Minuten backen.

AmVieh-Theater

# Flammbrot

**Zutaten für ca. 6 Stück**

300 g Roggenmehl
500 g Weizenmehl
1 Würfel Hefe
15 g trockener Sauerteig
2 TL Salz
2 EL Öl
5 EL warmes Wasser

Frischkäse

Alle Zutaten bis auf den Frischkäse in eine Schüssel geben und ca. 10 Minuten zu einem glatten Teig kneten. Abgedeckt ca. 30 Minuten ruhen lassen.

Den Teig in 6 gleich große Teile teilen und zu Kugeln formen, nochmals abgedeckt 30 Minuten ruhen lassen.

Danach mit einem Nudelholz ausrollen und auf ein Blech mit Backpapier legen.

Kurz bei einer Temperatur von ca. 35 °C im Backofen gehen lassen und anschließend bei 220 °C 5–6 Minuten backen.

Zwei Stunden auskühlen lassen und mit Frischkäse bestreichen, je nach Wunsch belegen und bei 200 °C im Backofen überbacken.

**TIPP:** Das Flammbrot kann auch nur mit Frischkäse überbacken und anschließend mit Rohkost belegt werden.

Bio-Landpension Monika

# Lachs-Aufstrich

**Zutaten für 2 Personen**

8 Cherrytomaten
¼ Paprika
100 g Magerquark
2 Scheiben Räucherlachs
EL Olivenöl
Salz, Pfeffer

Tomaten und Paprika in kleine Würfel schneiden und in einer Pfanne mit Olivenöl anbraten.

In der Zwischenzeit den Lachs in feine Streifen schneiden. Den Quark in eine Schüssel geben und das Gemüse untermengen.

Mit Salz und Pfeffer abschmecken und zum Schluss die feinen Lachsstreifen darunter mischen.

**TIPP:** Das Scharfmachergewürz von Sonnentor gibt dem Aufstrich noch einen Hauch Farbe und extra Schärfe.

Kenners LandLust

# Tomatenaufstrich

**Zutaten**

200 g Tomatenmark
50 ml Creme fraiche oder Sahne
100 g Sonnenblumenkerne
100 g Käsereste
Thymian, Basilikum
Oregano
Hefeflocken
1 Knoblauchzehe
Salz, Pfeffer
½ Zwiebel

Zwiebel fein hacken und beiseite stellen.

Die übrigen Zutaten in einer Schüssel vermengen, abschmecken und pürieren. Zwiebelwürfel untermengen.

Leichte Fleischküche und Vegetarisches   Brot und Aufstriche

Biohotel Eggensberger med.well ****

# Buchweizenlasagne

### Zutaten

100 g Dinkel-Vollkornmehl
100 g fein gemahlener Buchweizen
300 ml Milch, 2 Eier
Salz, Pfeffer
frische Kräuter (Rosmarin, Petersilie, Thymian, Salbei, Basilikum und Oregano)
30 ml Öl
100 g Zucchini
100 g Auberginen
100 g Paprika
100 g Austernpilze
2 rote Zwiebeln
Olivenöl, Balsamicoessig
Knoblauch
500 g Tomaten
1 Zwiebel
80 g Wurzelgemüse
Rotwein, Zucker
40 g Parmesan
Salz, Pfeffer

Das Mehl und den gemahlenen Buchweizen mischen und mit der Milch glatt rühren. Die Eier zugeben und einen Teil der Kräuter hacken und unterrühren. Mit Salz und Muskat abschmecken und 10 Minuten quellen lassen. In einer gefetteten Pfanne kleine Crêpes mit ca. 8 cm Durchmesser ausbacken.

Zucchini, Auberginen und Paprika in Scheiben schneiden und zusammen mit den Austernpilzen in einer Pfanne mit Olivenöl scharf anbraten.

Die roten Zwiebeln schälen, würfeln und mit gehacktem Knoblauch in Olivenöl anschwitzen, mit dem Balsamicoessig ablöschen und etwa 5 Minuten einkochen lassen. Die Marinade mit Salz, Pfeffer und einer Prise Zucker abschmecken. Die Hälfte der übrigen Kräuter klein schneiden und zur Marinade geben. Das Gemüse darin ca. 30 Minuten durchziehen lassen.

Die Zwiebel und das Wurzelgemüse fein würfeln und in Olivenöl anschwitzen. Die Tomaten ebenfalls würfeln und zugeben, mit anbraten und mit etwas Rotwein ablöschen. Die Sauce mit Salz, Zucker, Pfeffer und den restlichen Kräutern würzen und ca. 30 Minuten leicht köcheln lassen. Die Crêpes und das Gemüse bei ca. 80 °C im Ofen warmstellen.

Zum Anrichten abwechselnd Crêpes und Gemüse schichten, mit Parmesan bestreuen und mit Sauce nappieren.

Naturhotel Faakersee ****

# Dinkellaibchen
## auf Brennesselspinat

**Zutaten**

500 g geschroteter Dinkel

500 ml Gemüsebrühe

1 Zwiebel

100–200 g Schinken, Speck oder Wurst

Majoran

Salz, Pfeffer

2 Eier

Paprikapulver

**Für den Brennesselspinat:**

500 g junge Brennesselblätter

1 Zwiebel

2 EL Butter, 2 EL Sahne

Salz, Pfeffer

Geschroteten Dinkel sechs Stunden in der Gemüsebrühe einweichen. Die Zwiebel fein hacken und in einer Pfanne mit gewürfeltem Speck, Schinken oder Wurst rösten. Zusammen mit etwas Majoran zum Dinkel geben und mit Salz und Pfeffer würzen. Die gesamte Masse mit 2 Eiern und Paprikapulver anrühren und zu Laibchen formen. Diese auf beiden Seiten in einer geölten Pfanne scharf anbraten und ca. 20 Minuten im Backofen bei 120 °C ziehen lassen.

Die Brennesseln mit kochendem Wasser übergießen (dann brennen die Blätter nicht mehr). Zwiebel würfelig schneiden und in der zerlassenen Butter glasig dünsten.

Die Brennesseln fein schneiden, salzen und pfeffern und mit dem Zwiebel ca. 10 Minuten unter ständigem Rühren dünsten. Bei Bedarf mit etwas Gemüsesuppe verfeinern. Die Blätter mit Sahne im Mixer pürieren.

Dinkellaibchen auf dem Brennesselspinat anrichten.

Leichte Fleischküche und Vegetarisches    Vorspeisen und Salate

Haus AnNatur

# Frischkost
## „Schatten, Licht und Sonne"

**Zutaten**

150 g Möhren
1 Apfel, ½ Zitrone
2 EL Sesam- oder Distelöl
Salz, Pfeffer
1 EL Agavendicksaft
frischer Ingwer

100 g Weißkohl
1 Orange
1 EL Petersilie
Saft von 1 Orange
1–2 EL Apfelessig
3 EL Mandel- oder Distelöl
Salz, weißer Pfeffer

200 g Rucola
4 EL Schafsjoghurt
1 EL Tomatenmark
1 Knoblauchzehe
1 TL Balsamicoessig
Salz, weißer Pfeffer
Zitronenabrieb
1 TL Agavendicksaft

Möhren für den Möhrensalat schälen und waschen, den Apfel waschen und Kerne und Stiel entfernen. Beides in einer Küchenmaschine oder mit einem Hobel in feine Streifen raspeln und mischen.

Das Öl mit dem Zitronensaft langsam aufschlagen, bis es emulgiert. Mit den Gewürzen abschmecken und über die geraspelten Möhren und Äpfel geben.

Weißkohl für den Weißkohlsalat mit einer Küchenmaschine oder einem Hobel fein raspeln, die Orange schälen und in Würfel schneiden. Gehackte Petersilie zugeben und alles gut mischen.

Öl mit dem Orangensaft langsam aufschlagen. Mit den Gewürzen abschmecken und über den Weißkohl-Orangensalat gießen.

Für den Rucolasalat Schafsjoghurt und Tomatenmark kräftig miteinander verrühren, sodass eine cremige Sauce entsteht, bei Bedarf etwas sprudelndes Mineralwasser zugeben. Gehackten oder gepressten Knoblauch dazugeben, Salz, Pfeffer und Zitronenschale, Balsamicoessig und Agavendicksaft zufügen und unterrühren. Mit dem Salat mischen und zusammen mit Möhren- und Weißkohlsalat anrichten.

**TIPP:** Gemüse wie folgt auswählen:
Unter der Erde = Knollen/Wurzeln (Schatten)
Über der Erde = Kohl, Blattgemüse (Licht)
Blatt- u. Schnittsalate (Sonne)
Diese Mischung garantiert eine ausgewogene Versorgung mit wichtigen Inhaltsstoffen der naturbelassenen Lebensmittel.

Landgasthof zum Adler ***

# Gemüse-Emmer-Lasagne

### Zutaten

300g frisch gemahlenes Emmermehl

5 Eigelbe

30 ml Olivenöl

Salz

250 g Steinchampignons

100 g Zwiebel

2 Knoblauchzehe

Pfeffer

150 ml Sahne

100 g blanchierter Blattspinat

Muskat

Bergkäse

### Für die Sauce:

50 g Zwiebel

2 Knoblauchzehen

200 g rote Paprika

200 ml Sahne

200 ml Gemüsebrühe

80 g Butter

etwas Ratatouille
(siehe Rezept Lammrücken S. 94)

Emmermehl mit Eigelben, Olivenöl und Salz zu einem Nudelteig verarbeiten und 30 Minuten ruhen lassen. Mit einer Nudelmaschine dünne Teigplatten ausrollen.

Zwiebel und Knoblauch fein würfeln und die Hälfte davon in einer Pfanne mit etwas Öl anbraten, Pilze dazugeben und mit Sahne aufgießen. Mit Salz und Pfeffer würzen.

Übrigen Zwiebel und Knoblauch in einer Pfanne anbraten und Blattspinat dazugeben. Kurz ziehen lassen und mit Salz, Pfeffer und Muskat würzen.

Die Nudelplatten in gesalzenem Wasser gar kochen.

Für die Sauce Zwiebel und Knoblauch fein schneiden und in etwas Butter anbraten, Paprika würfeln und dazugeben. Mit Sahne und Gemüsebrühe aufgießen und einkochen lassen. Mit einem Pürierstab pürieren, mit Salz und Pfeffer abschmecken und die restliche Butter dazugeben.

Eine Schicht Rahmchampignons auf einen Teller geben und schichtweise mit Nudelplatte, Ratatouille-Gemüse, Nudelplatte, Blattspinat und Nudelplatte (Abschluss) bedecken. Mit geriebenem Bergkäse bestreuen und mit Paprikasauce servieren.

**TIPP:** Dazu passen Ofentomaten: 4 Tomaten ausgehöhlt im Of bei 80 °C 1 Stunde backen und mit Ratatouille-Gemüse füllen.

Biohotel Feistererhof ****

# Kartoffel-Weißwurststrudel

### Zutaten

300 g glattes Mehl
130 ml lauwarmes Wasser
5 g Salz
50 ml Pflanzenöl
100 g Butter

### Für die Füllung:

1 Paar Weißwürste
400 g Kartoffeln
frische Kräuter
3 Eier
1 TL Sauerrahm
Knoblauch
Salz

Für den Teig alle Zutaten gut verkneten und beiseite stellen.

Kartoffeln weich kochen, schälen, durch eine Kartoffelpresse drücken und abkühlen lassen. Die abgekühlte Masse mit zwei Eiern, Kräutern, Knoblauch, Salz und 1 TL Sauerrahm vermengen.

Den Teig dünn und rechteckig ausrollen und die Kartoffelmasse darauf verstreichen. Die Weißwürste ins untere Drittel des Teiges legen und den Strudel einrollen.

Ein Ei verquirlen und den Strudel damit bestreichen.

Bei 160 °C 35–40 Minuten backen.

Leichte Fleischküche und Vegetarisches — Vorspeisen und Salate

Kenners LandLust

# Kürbisscheiben
## mit Käsehaube

### Zutaten

1 Butternusskürbis
30 g Tilsiter
30 g Gouda
10 g Haselnüsse
1 TL Creme fraiche
½ Bund Petersilie
1 Zwiebel
Honig
Salz, Pfeffer

Kürbis waschen, halbieren und die Kerne entfernen. Das Fruchtfleisch in Scheiben schneiden und auf ein gefettetes Blech legen. Bei 160 °C im Ofen ca. 5 Minuten backen. Den Käse reiben und die Haselnüsse fein hacken. Beides mit der Creme fraiche vermengen. Zwiebel und Petersilie fein hacken und zu der Creme geben. Mit Honig, Salz und Pfeffer abschmecken.

Die Mischung mit einer Spritztüte auf den Kürbis dressieren und weitere 10–15 Minuten im Ofen backen.

**TIPP:** Der Kürbis kann in jungem Stadium mit Schale gegessen werden, nach längerer Lagerung wird diese hart und sollte nicht mehr mitgegessen werden.

Leichte Fleischküche und Vegetarisches   Vorspeisen und Salate

Menschels Vitalresort ★★★★

# Kohlrabi
## mit Quinoafülle

### Zutaten

4 Stk. Kohlrabi

200 g Gemüse der Saison
(z.B. Karotten, Pastinaken,
Lauchzwiebeln, Spargel)

200 g Tofu

100 g Quinoa

2 Eier

Salz, Pfeffer

Gemüsebrühpulver

100 g geriebener Bergkäse

100 ml Sojasauce

2 EL Maisstärke

4 EL Lemonbalsamico

je 1 Bund Schnittlauch und Petersilie

Gartenkresse

Gemüsebrühpulver in reichlich Wasser aufkochen und Kohlrabi darin ca. 10 Minuten bei kleiner Hitze garen. Anschließend aus dem Wasser nehmen und den Fond aufheben.

Deckel vom Kohlrabi abschneiden und das Innere mit einem Löffel aushöhlen und klein schneiden.

Das Gemüse in dünne Streifen schneiden und mit dem Quinoa in einem Teil der Brühe kochen und anschließend abschrecken.

Tofu mit einer Gabel zerdrücken, mit Gemüse, Quinoa, Kohlrabiresten und Eiern vermengen und mit Salz und Pfeffer abschmecken.

Masse in die Kohlrabi füllen, den Käse darüber verteilen, in eine Auflaufform setzen und etwas Fond zugießen. Kohlrabideckel daneben legen und im vorgeheizten Ofen bei 180 °C (Umluft) ca. 12–15 Minuten garen.

300 ml vom Fond mit Sojasauce mischen, mit der Stärke abbinden und mit Essig, gehacktem Schnittlauch und Petersilie abschmecken.

Kohlrabi auf der Sauce anrichten und mit Gartenkresse garnieren.

Biohotel Eggensberger med.well ****

# Kichererbsentaler
## mit Knoblauch-Kräuter-Sauce

### Zutaten
120 g Kichererbsen
300 ml Gemüsebrühe
40 g Gouda, 30 g Quark
1 Ei, Salz, Pfeffer
Paprikapulver
Schabzigerklee
Öl
100 g Kaiserschoten
100 g Möhren
100 g Frühlingslauch
100 g Kirschtomaten
20 g Butter

### Für die Sauce:
2 Schalotten, 4 Knoblauchzehen
Olivenöl
50 ml Weißwein
300 ml Gemüsefond
100 ml Sahne
Salz, Pfeffer
1 Lorbeerblatt, 2 Wacholderbeeren
frische Petersilie
½ Bund Schnittlauch
Stärke, Wasser

Die Kichererbsen fein mahlen. Gemüsebrühe mit Schabzigerklee, Salz und und Pfeffer aufkochen und das Kichererbsenmehl in die Gemüsebrühe einrühren. Ca. 5 Minuten quellen und abkühlen lassen. Quark, Ei und geriebenen Käse unter die abgekühlte Masse mengen und abschmecken. Zu Talern formen und in einer Pfanne mit etwas Öl ausbacken.

Das Gemüse waschen, putzen und wie gewünscht schneiden. Nacheinander in reichlich Salzwasser blanchieren und sofort kalt abschrecken. Bis zum Servieren beiseite stellen. Kurz vor dem Anrichten das Gemüse in etwas Wasser mit der Butter erhitzen und mit Salz und Pfeffer abschmecken.

Die Schalotten und den Knoblauch abziehen und in feine Würfel schneiden, in Olivenöl glasig anschwitzen und mit Weißwein ablöschen. Den Gemüsefond aufgießen und die Gewürze dazugeben. Etwa 30 Minuten bei schwacher Hitze köcheln lassen. Zwischendurch die Petersilie hacken und den Schnittlauch in feine Ringe schneiden. Die Sauce abschmecken und die Sahne dazugeben. Nochmals aufkochen lassen, die Wacholderbeeren und das Lorbeerblatt entfernen und mit mit kaltem Wasser angerührter Stärke leicht abbinden.

Zum Schluss Schnittlauch und Petersilie dazugeben und mit den Kichererbsentalern und Gemüse servieren.

Mani Sonnenlink

# Moussaka

### Zutaten

600 g Kartoffeln
600 g Augberginen
400 g Zucchini
400 g Feta
2 Zwiebeln
2 Knoblauchzehen
1½ kg Tomaten
1 EL Tomatenmark
100 ml Olivenöl
1 Lorbeerblatt
150 g Butter
150 g Mehl
1½ l Milch
2 Eier
Muskat
Salz, weißer Pfeffer
Zucker
etwas geriebener Hartkäse

Kartoffeln, Auberginen und Zucchini in dünne Scheiben schneiden und nacheinander in ausreichend Olivenöl knusprig frittieren.

Für die Sauce die Zwiebeln würfeln und in Olivenöl glasig dünsten, den Knoblauch dazu pressen und kurz weiter braten. Die Tomaten kurz mit kochendem Wasser überbrühen, häuten und klein schneiden.

Das Tomatenmark und die Tomaten zum Zwiebel geben und mit Salz, Pfeffer und einer Prise Zucker würzen. Das Lorbeerblatt hinzufügen und die Sauce dicklich einkochen lassen.

Für die Bechamelsauce Butter in einem Topf schmelzen und das Mehl einrühren. Mit der Milch aufgießen, mit Salz, Pfeffer und Muskat würzen und bei kleiner Flamme wenige Minuten unter ständigem Rühren köcheln lassen.

In eine tiefe Auflaufform eine Lage Kartoffeln schichten und mit Tomatensauce bedecken. Etwas Feta mit den Fingern zerbröseln und auf der Sauce verteilen. Darauf die gebratenen Auberginenscheiben geben, diese wieder mit Tomatensauce und Feta bedecken.

Dann die gebratenen Zucchinischeiben darüber schichten, etwas Sauce darauf verteilen und abschließend eine dicke Schicht Bechamelsauce darübergießen und mit geriebenem Hartkäse bestreuen. Den Auflauf im vorgeheizten Backofen bei ca. 180 °C etwa 1 Stunde backen.

Gut Sonnenhausen

# Rindersülzchen

### Zutaten

1 Lorbeerblätter
10 g weiße Pfefferkörner
10 g Salz
350 g Mire Poix
(Lauch, Möhren und Sellerie)
350 g Tafelspitz
(z. B. vom Herrmannsdorfer Rind)
2 ½ l Wasser
3 EL weißer Balsamicoessig
1 TL Agar-Agar
Salz und Pfeffer

**TIPP:** Dazu passt Baby Leaf-Salat mit Limetten-Honig-Dressing: 40 ml Limettensaft mit 1 EL Honig aufkochen, mit etwas Stärke abbinden und weitere 40 ml Limettensaft und Limettenabrieb dazugeben. Mit dem Pürierstab mixen und nach und nach 40 ml Oliven- und 80 ml Sonnenblumenöl einarbeiten. Mit Salz und Pfeffer abschmecken, über gewaschenen Baby-Leaf-Salat geben und servieren.

Den Tafelspitz am besten einen Tag vorher vorbereiten. Dafür den Tafelspitz kurz kalt waschen. Das Wasser mit dem Salz, dem Lorbeerblatt und den Pfefferkörnern erhitzen, das Fleisch ins heiße Wasser legen und alles aufkochen lassen. Den sich bildenden Schaum während der ersten Kochminuten wiederholt mit dem Schaumlöffel abnehmen. 250 g Mire Poix in 2x2 cm große Würfel schneiden und in den Sud geben. Das Fleisch dann bei milder Hitze zugedeckt 2 Stunden kochen lassen, zwischen Topf und Deckel aber einen Spalt offen lassen. Den Tafelspitz und die Brühe bis zum nächsten Tag kaltstellen.

Am nächsten Tag den gekochten Tafelspitz zuerst in dünne Scheiben schneiden und dann fein würfeln. Das restliche Gemüse ebenfalls fein würfeln, kurz in kochendem Salzwasser blanchieren und in Eiswasser abschrecken.

Fleisch- und Gemüsewürfel miteinander vermischen, mit Salz, Pfeffer und Essig würzen. Die Brühe zum Kochen bringen, Agar-Agar einrühren und 2 Minuten kochen lassen. Die Fleisch- und Gemüsewürfel würzen, in kleine Förmchen geben und dann mit Brühe aufgießen. Die Sülze für gute 2½ Stunden kühlstellen. Vor dem Anrichten die Form kurz in heißes Wasser tauchen und die Sülze aus der Form stürzen.

Für 2 Minuten bei 50 °C im Ofen erwärmen und lauwarm servieren.

Biohotel Ramsauhof

# Risotto
## mit Apfel-Avocado

**Zutaten**

100 g Risottoreis
300 ml Gemüsesuppe
50 g Butter
50 g geriebener Parmesan
etwas Weißwein
Äpfel
Zucker

Butter in der Pfanne erwärmen und den Risottoreis hinzugeben. Unter ständiger Beigabe von Gemüsesuppe immer wieder umrühren und so den Reis kernig kochen. Dann mit Weißwein löschen und den Parmesan unterrühren.

Äpfel in Spalten teilen und in Zucker und Butter leicht karamellisieren

Kurz ruhen lassen und anrichten.

Leichte Fleischküche und Vegetarisches    Vorspeisen und Salate

Bio-Landpension Monika

# Risotto
## mit Gorgonzola und Birne

**Zutaten**

320 g Risottoreis
100 g Gorgonzola
2 Williamsbirnen
8 Salbeiblätter
125 ml Weißwein
1 Zwiebel
1 l Gemüsebrühe
30 g Butter
40 g Parmesan
Salz, Pfeffer

Eine Birne schälen und in kleine Würfel schneiden. Die Zwiebel und 2 Salbeiblätter in feine Stücke hacken und beides in einer Pfanne mit 20 g Butter dünsten, dann einen Schöpfer Gemüsebrühe beigeben.

Den Reis dazugeben, bei hoher Temperatur etwas anrösten lassen und die Birnenstücke dazugeben. Mit dem Weißwein aufgießen und einkochen lassen. Nach und nach mit Gemüsebrühe aufgießen und einkochen lassen, solange bis der Reis außen gar und innen noch kernig ist.

Während das Risotto kocht, die zweite Birne in Scheiben schneiden und mit der restlichen Butter und Salbeiblättern in einer Pfanne schwenken. Wenn die Birnen goldbraun sind, ein wenig Pfeffer darüber geben.

Das fertige Risotto mit Salz und Pfeffer abschmecken und den Gorgonzola und geriebenen Parmesan unterrühren.

Kurz ruhen lassen und mit der Birnen-Salbei-Butter anrichten.

Leichte Fleischküche und Vegetarisches   Vorspeisen und Salate

Forellenhof - das BIO Landhaus ***

# Rote Bete-Carpaccio
## mit gekräutertem Hüttenkäse

**Zutaten**

4 Stück geschälte, gekochte Rote Bete

1 rote Zwiebel

6 EL Balsamicoessig

3 EL Olivenöl

Kümmel

Salz, Pfeffer

Zucker

200 g Hüttenkäse

frische Kräuter
(Petersilie, Schnittlauch, Dill)

Rucola

Die Rote Bete in dünne Scheiben schneiden, Zwiebel fein hacken und über die Rote Bete streuen. Mit Balsamicoessig, Olivenöl, Salz, Pfeffer, Kümmel und einer Prise Zucker abschmecken. Die Rote Bete einige Stunden ziehen lassen.

Die Kräuter hacken und unter den Hüttenkäse heben, mit Salz, Pfeffer und etwas Zucker abschmecken.

Die Rote Bete schichtweise mit Hüttenkäse auf etwas Rucola anrichten.

Leichte Fleischküche und Vegetarisches    Vorspeisen und Salate

Landgasthof zum Adler ***

# Rote Bete-Maultaschen und -Türmchen

### Zutaten

150 g Nudelteig

#### Für die Füllung:

100 g Ricotta, 1 Eigelb
60 g Rote Bete-Püree
15 g Mehl
Salz, Pfeffer, Kümmel
etwas Wasser

#### Für die Sauce:

30 g Rote Bete Püree
100 ml Sahne
30 g Butter
1 Zwiebel, 1 Knoblauchzehe
Salz, Pfeffer

#### Für die Türmchen:

350 g geschälte, gekochte Rote Bete
160 g Gorgonzola
100 g Steckrüben, 50 g Kartoffeln
50 g Butter, 50 ml Milch

Für die Maultaschen Ricotta mit dem Eigelb, Rote Bete-Püree und Mehl in einer Schüssel gut verrühren. Mit Salz, Pfeffer und einer Prise Kümmel abschmecken.

Den Nudelteig zu zwei dünnen Bahnen ausrollen und auf einer Länge alle 2–3 cm einen TL Fülle darauf setzen. Die Zwischenräume mit etwas Wasser bestreichen und die zweite Nudelbahn darüber legen. Mit einem Messer einzelne Teigtaschen abschneiden und die Ränder gut zusammendrücken. In kochendes Salzwasser geben. Wenn die Teigtaschen an der Oberfläche schwimmen, ca. 12 Minuten ziehen lassen.

Zwiebel und Knoblauch schälen, fein schneiden und in einer Pfanne mit Butter anbraten. Mit Sahne ablöschen und das Rote Bete-Püree dazugeben. Kurz köcheln lassen und mit Salz und Pfeffer abschmecken.

Steckrüben und Kartoffeln schälen, grob schneiden und in Salzwasser gar kochen. Durch eine Kartoffelpresse drücken und mit Butter, Milch, Salz und Pfeffer zu einem lockeren Püree verarbeiten.

Die Rote Bete in Scheiben schneiden und abwechselnd mit Steckrüben-Püree schichten. Oberste Schicht mit Gorgonzola belegen und im Backofen bei 180 °C Oberhitze überbacken, bis der Käse verläuft.

Hotel Alter Wirt ***superior

# Rote Bete-Süßkartoffelpüree
## mit karamellisiertem Chicoree

**Zutaten**

1 kg Süßkartoffeln
400 g Rote Bete
4 Stk. Chicoree
Saft von 3 Orangen
Salz, Pfeffer
Zucker
Olivenöl, Sesamöl

Die Rote Bete mit Schale und die geschälte Süßkartoffel separat in kleinen Töpfen mit Salzwasser gar kochen. Die Rote Bete in gleichmäßige Würfel schneiden und beiseite stellen.

Die Süßkartoffel durch eine Presse drücken, mit etwas Oliven- und Sesamöl, Salz, Pfeffer und einer Prise Zucker abschmecken. Die Rote Bete-Würfel unter das Püree ziehen.

In einer Pfanne ohne Fett 2 EL Zucker karamellisieren, den Chicoree vierteln und dazugeben und mit Orangensaft ablöschen. Salzen, pfeffern und einen kurzen Moment einkochen lassen.

Das Püree und den Chicoree in einem Pastateller anrichten und den Saft darüber gießen.

Leichte Fleischküche und Vegetarisches   Vorspeisen und Salate

Hotel Balance

# Seitan-Stew

### Zutaten

2 Zwiebeln
Sonnenblumenöl
2 Lorbeerblätter
Chilipulver
200 g gekochte Süßkartoffeln
200 ml Weißwein
3 Knoblauchzehen
300 ml Bouillon
500 g Seitan
Olivenöl
Sojasauce

Zwiebel fein hacken und in Sonnenblumenöl in einem Topf goldig anbraten. Die Lorbeerblätter und etwas Chilipulver dazugeben und etwas mit schmoren.

Die Süßkartoffeln schälen, zerstampfen und dazugeben. Knoblauch dazu pressen und mit Weißwein und Bouillon aufgießen. Ca. 30 Minuten köcheln lassen, bis eine cremige Konsistenz entsteht.

Seitan in kleine Stücke schneiden und in einer Pfanne mit etwas Olivenöl anbraten. Mit etwas Sojasauce ablöschen und zur Sauce geben.

**TIPP:** Dazu passt Quinoa.

Haus AnNatur

# Süßer Tomatensalat
## (Marokkanische Spezialität)

**Zutaten**

750 g Cocktailtomaten
5 Zimtstangen
2 EL Vollrohrzucker
2 EL Orangenblütenwasser
4 EL Erdnuss- oder Arganöl
2 TL Meersalz
1 g Safranfäden

Die Tomaten von den Stielen befreien und in eine tiefe Pfanne geben. Die übrigen Zutaten darauf verteilen. Vorsichtig bei geringer Hitze mit geschlossenem Deckel ca. 7 Minuten garen und wiederholt vorsichtig schwenken.

Der Salat kann kühl oder heiß serviert werden.

TIPP: Wer die zarten Häutchen der Tomaten nicht mag, kann diese vor dem Garen durch Überbrühen mit kochendem Wasser leicht abziehen. Die Tomaten sind dann schneller gar.

Biohotel und Vitalzentrum Schlossgut Oberambach

# Tomatenterrine im Glas

### Zutaten

3 Tomaten
1 Blatt Gelatine
1 Zitrone
200 g Frischkäse
100 ml Sahne
1 Glas Basilikumpesto
1 kleines Baguette
1–2 EL Weißwein
Salz, Pfeffer
Chilipulver
Olivenöl

Gelatine in kaltem Wasser einweichen.

Die Tomaten waschen und die Haut leicht einschneiden, ca. 2–3 Minuten in kochendes Wasser geben und danach kalt abspülen. Die Tomaten enthäuten, vierteln und das Kerngehäuse entfernen. Das Fruchtfleisch in kleine Würfel schneiden. Kerngehäuse mit dem Weißwein und ca. 50 ml Wasser aufkochen und mit Salz und Pfeffer würzen. Die zuvor eingeweichte Gelatine zugeben und die Tomatenstücke untermengen.

Die Zitrone waschen, die Schale abreiben und ca. 1/3 der Schale zu den Tomaten geben.

Nun die Tomaten gleichmäßig auf 4 Sektkelche oder Martinigläser verteilen und eine Stunde kalt stellen.

Inzwischen den Frischkäse mit der Sahne und dem Saft einer halben Zitrone sowie der restlichen Schale vermengen. Mit Salz und Pfeffer würzen und mit einer Prise Chilipulver abschmecken.

Die fertige Mousse gleichmäßig in den kaltgestellten Gläsern auf den Tomaten verteilen. Auf jedes Glas anschließend ca. 1 TL Basilikumpesto geben und vorsichtig verstreichen.

Baguettescheiben toasten und mit etwas Olivenöl beträufeln. Die Gläser mit Cocktailtomaten und Basilikum garnieren und servieren.

Leichte Fleischküche und Vegetarisches   Vorspeisen und Salate

Landgasthof zum Adler ***

# Ziegenkäse
## unter der Nusskruste

**Zutaten**

4 Scheiben Pumpernickel
400 g Ziegenfrischkäse-Taler
30 g Haselnüsse
30 g Walnüsse
2 Eigelbe
30 g Butter
Salz, Pfeffer
80 g Risottoreis
1 Zwiebel
500 ml Gemüsebrühe
etwas Weißwein
1 EL Butter
1 EL Bärlauchpüree
Öl

Haselnüsse und Walnüsse zusammen mit Butter und den Eigelben in einer Küchenmaschine fein hacken und mit Salz und Pfeffer würzen. Aus dieser Masse eine Rolle formen, kalt stellen und anschließend in Scheiben schneiden.

Den Pumpernickel mit einer Scheibe Ziegenkäse und einer Scheibe Nusskruste belegen. Im Backofen bei 220 °C 5 Minuten überbacken.

Zwiebel fein würfeln und in einem Topf mit etwas Öl glasig anschwitzen. Den Reis dazugeben und mit etwas Weißwein ablöschen. Nach und nach die Brühe zugießen. Stetig umrühren. Hat der Reis die gewünschte Konsistenz erreicht, 1 EL Butter und das Bärlauchpüree einrühren und mit Salz und Pfeffer würzen.

**TIPP:** Dazu passen gebratene Auberginen.

Leichte Fleischküche und Vegetarisches   Vorspeisen und Salate

Bio Hotel Theiners Garten

# Braune Kalbsbrühe

### Zutaten für ca. 1 Liter

1 kg Kalbsknochen mit Fleischanteil und Kalbsabschnitte (Parüren)
100 g Zwiebel
50 g Möhren
50 g Stangensellerie
1 Tomate
5 EL Öl
1 EL Tomatenmark
250 ml Weißwein
3 l Wasser
1 Rosmarinzweig
1 Thymianzweig
4 Salbeiblätter
½ TL zerstoßene Pfefferkörner
Salz

In einer großen flachen Bratpfanne das Öl erhitzen und die klein gehackten Kalbsknochen und Kalbsabschnitte langsam darin bräunen.

Karotten und Sellerie waschen, in grobe Würfel schneiden, zu den Kalbsknochen geben und anbraten. Etwas später die in grobe Würfel geschnittene Zwiebel dazugeben und mit rösten, bis sich das Fett klar absetzt.

Eventuell überschüssiges Fett abgießen.

Das Tomatenmark beigeben, unterrühren und leicht rösten. Mit Weißwein aufgießen, das kalte Wasser dazugeben und anschließend leicht kochen lassen.

Nun den Rosmarin, Thymian, Salbei, Pfefferkörner, die halbierte Tomate und wenig Salz hinzufügen und die Brühe auf kleiner Flamme für 2–3 Stunden langsam weiterkochen, dabei gelegentlich abschäumen und entfetten. Die braune Grundbrühe durch ein feines Sieb seihen und weiterverwenden.

**TIPP:** Die Brühe kann in großen Mengen vorbereitet und in Gefrierbeuteln eingefroren werden.

Biohotel Werratal

# Brunnenkressesuppe
## mit Quarknocken

Kartoffeln, Zwiebel und Sellerie schälen und würfeln. In der Butter ohne Farbe anschwitzen, die Stärke dazugeben, mit Weißwein ablöschen und mit der Gemüsebrühe aufgießen. Salzen, pfeffern, das Lorbeerblatt und die Knoblauchzehe dazugeben und alles leise köcheln lassen, bis das Gemüse zerfällt.

Das Lorbeerblatt und die Knoblauchzehe entfernen, die Sahne dazugeben und alles fein mixen. Kurz vor dem Servieren die klein geschnittene Brunnenkresse mit dem Stabmixer unter die Suppe mixen.

Alle Zutaten für die Quarknocken miteinander verrühren. Mit einem Löffel in der angefeuchteten Handfläche eine Nocke formen und diese in gesalzenem, kochenden Wasser pochieren. Die Nocken schwimmen an der Oberfläche, wenn sie gar sind.

**Zutaten**

2 Bund Brunnenkresse
100 g Kartoffeln
40 g Zwiebel, 40 g Sellerie
30 g Butter
10 g Stärke
100 ml Weißwein
1 l Gemüsebrühe
200 ml Sahne
Salz, Pfeffer
Muskat, 1 Lorbeerblatt
1 Knoblauchzehe
Fett

**Für die Quarknocken:**

1 Ei, 1 Eigelb
300 g Quark
75 g Creme fraiche
40 g griffiges Mehl
Salz, Pfeffer, Zucker

Biohotel und Vitalzentrum Schlossgut Oberambach

# Curry-Papaya-Suppe

**Zutaten**

1 Zwiebel
300 g Papaya
rote Curry-Paste
3–4 Scheiben Pumpernickel
100 ml Apfelsaft
250 ml Milch
300 ml Sahne
50 ml Weißwein
Butter
Salz
Currypulver
Kurkuma

Die Zwiebel schälen und in 5 mm große Würfel schneiden. Die Papaya schälen, halbieren, die Kerne entfernen und das Fruchtfleisch würfeln.

Die Zwiebeln mit etwas Butter in einem Topf anbraten. 1 EL Curry-Paste zugeben und mit Weißwein ablöschen. Papayawürfel und den Apfelsaft zugeben und aufkochen. Mit einem TL Currypulver und etwas Kurkuma würzen und mit der Milch und Sahne aufgießen.

Das Ganze ca. 10 Minuten köcheln lassen und mit 1 Prise Salz abschmecken.

Zuletzt alles mit dem Mixer pürieren.

Den Pumpernickel im Ofen rösten (oder toasten), in kleine Stücke brechen und auf die Suppe geben.

**TIPP:** Die Suppe kann heiß oder kalt serviert werden.

Leichte Fleischküche und Vegetarisches  Suppen

Biolandhaus ARCHE

# Fischsuppe Halaszle

**Zutaten**

1 l Wasser
ca. 500 g Karpfenköpfe und Gräten
100 g Karpfenfleisch
200 g Wurzelgemüse
60 g Mehl
60 g Öl
30 ml Weißwein
60 ml Rotwein
60 ml Rahm
Zitronensaft
Essig
Thymian, Majoran
2 Lorbeerblätter
Wacholderbeeren
5 schwarze Pfefferkörner

1 Liter Wasser mit Weißwein, 100 g Wurzelgemüse, Fischköpfen und Gewürzen zustellen und 2 Stunden sieden lassen.

Mehl und Öl in einem Topf braun rösten. Restliches Wurzelwerk reiben und dazugeben. Mit dem Karpfensud aufgießen und einkochen lassen. Durch ein Sieb passieren und die Suppe auffangen.

Das Karpfenfleisch in Wasser mit einem Schuss Essig kochen, aus dem Topf nehmen und zur Suppe geben. Rahm, Rotwein, Zitronensaft, Pfeffer und Ajvar dazugeben und servieren.

Leichte Fleischküche und Vegetarisches   Suppen

# Klare Tomatensuppe
## mit Käsenockerl und Basilikum

Die Tomaten vierteln und mit der Gemüsebrühe zum kochen bringen. 10 Minuten leicht köcheln lassen und dann langsam in ein mit einem Passiertuch ausgelegtes Sieb gießen und die klare Suppe auffangen.

Für die Nockerl die Milch mit der Butter in einem Topf aufkochen und mit Salz abschmecken. Den Grieß in die noch leicht köchelnde Milch einrühren, bis sich am Topfboden ein dünner weißer Film bildet.

Den Topf vom Herd nehmen und den Käse sowie die Eier mit dem Grieß vermengen.

Wasser in einem Topf zum Kochen bringen, leicht salzen und mit 2 Teelöffeln Nockerl aus der Grießmasse stechen und ins heiße Wasser geben. Hitze reduzieren und die Nockerl im heißen aber nicht mehr kochenden Wasser garziehen lassen.

Je 4 Nockerl sternförmig in Suppentellern verteilen und mit der Tomatensuppe auffüllen. Mit Basilikumblättern garnieren.

### Zutaten
1 l Gemüsebrühe
500 g Tomaten
Salz, Zucker

### Für die Nockerl:
100 g Hartweizengrieß
200 ml Milch
20 g Butter
2 Eier
100 g geriebener Bergkäse
Salz
Basilikum

**TIPP:** Der Weidekäse vom Mooshof, Tennebronn, ein würziger, halbfester Schnittkäse, eignet sich hierfür besonders gut.

Bio-Landhaus Knura

# Beiriedroulade
## mit Rucola

### Zutaten

4 Beiriedscheiben à 100 g
100 g Rucola
1 Pkg. Mozzarella
4 getrocknete Tomaten
2 EL Senf
Salz, Pfeffer

Die Beiriedscheiben hauchdünn klopfen. In einer Pfanne mit Öl kurz auf einer Seite anbraten. Aus der Pfanne nehmen und jede Scheibe auf der rosa Seite mit ca. 1 TL Senf bestreichen. Rucola, geschnittenen Mozzarella und je eine geschnittene getrocknete Tomate auf dem Fleisch verteilen und einrollen.

TIPP: Passt hervorragend zu cremigem Risotto.

Natur & Kulturhotel Grafenast ***

# Festtagsbraten

## Zutaten

1 Karreerose vom Schwein
1 kg Blattspinat
10 Eier
15 Blatt gekochter Schinken
250 ml Weißwein
1 Stangensellerie
10–12 Möhren
2 Lauchstangen
6 Knoblauchzehen
2 Zwiebeln
2 Rosmarinzweige
2 EL Senf
2 EL Butter

Bindeschnur

**TIPP:** Die Sauce vor dem Servieren mit etwas Butter und Sahne montieren.

Möhren schälen und 4 davon im Ganzen weichkochen. Restliches Gemüse waschen, schälen, und in grobe Würfel schneiden.

Das küchenfertige Schweine-Karree der Länge nach auf-, aber nicht durchschneiden, sodass es sich füllen und einrollen lässt. Mit Senf bestreichen und mit Salz und Pfeffer würzen.

Spinat mit Butter, Salz und Pfeffer in der Pfanne anschwitzen und gut verrühren.

Eier versprudeln, mit Salz, Pfeffer und Muskat würzen und in einer zweiten Pfanne zu einfachen Omeletten verarbeiten.

Das Fleisch mit Schinken belegen, dann die Omeletten darüber und anschließend den Spinat gleichmäßig darauf verteilen. Die gekochten Möhren als Herzstück in die Mitte legen und alles zu einer Roulade rollen. Mit Bindeschnur ca. 5–6 Mal zusammenbinden und in Form bringen.

Nun den Braten mit dem vorbereiteten Gemüse und Weißwein in einen Bräter geben und für ca. 45 Minuten bei 170 ºC im Backofen schmoren. Den fertigen Braten mit dem Gemüse und Natursaft servieren.

Bio-Landhaus Knura

# Hirschrücken
## mit cremiger Polenta

### Zutaten

500 g Rose vom Hirschrücken
300 g Schalotten
12 Knoblauchzehen
125 ml Apfelsaft
125 ml Rotwein
1–2 Wacholderbeeren
1 Birne
Thymian
220 g Polenta
250 ml Wasser
250 ml Milch
60 g Butter
Salz, Pfeffer
Muskat

Wasser und Milch in einem Topf aufkochen, Polenta einrühren und auf kleiner Flamme köcheln lassen. Butter unterheben und mit Salz und Muskat würzen.

Das Fleisch in Scheiben schneiden und in etwas Öl beidseitig anbraten. Salzen, pfeffern und aus der Pfanne nehmen. In der Pfanne ungeschälten Knoblauch und geschälte, halbierte Schalotten anrösten. Birnen in Scheiben schneiden und dazugeben. Mit Apfelsaft und Rotwein aufgießen und die Wacholderbeeren dazugeben.

Die Sauce einkochen lassen und mit Salz, Pfeffer und Thymian würzen.

Leichte Fleischküche und Vegetarisches    Hauptspeisen

Biohotel Ramsauhof

# Hühnerfilet
## mit Ziegencamembert

### Zutaten

200 g Hühnerfilet
Kürbiskerne
Honig

100 g Polenta
300 ml Hühnerbrühe
100 ml Obers
Olivenöl
frische Kräuter
150 g Ziegencamembert
Ahornsirup

### Kernölschaum:

4 Eiweiß
Kernöl

Hühnerfilet beidseitig würzen und mit Olivenöl bestreichen, gehackte Kürbiskerne mit Honig vermischen und auf der Hautseite des Hühnerfilet auftragen. Bei 180° C ca. 25 Minuten im Ofen braten.

Für die Polenta Hühnersuppe zustellen. Den Maisgrieß einrieseln und weich kochen lassen, dann die Kräuter mit Obers zugeben.

Den Ziegencamembert der Breite nach teilen und mit starker Oberhitze im Backrohr leicht bräunen.

Zum Garnieren das Eiklar mit dem Kernöl vermischen und mit einem Stabmixer schaumig schlagen.

Leichte Fleischküche und Vegetarisches    Hauptspeisen

Landgasthof zum Adler ***

# Mit Semmelbrot gefüllte Kalbsbrust
## in Dunkelbiersoße

### Zutaten

1 Kalbsbrust (ca. 800 g)
5 altbackene Semmeln
3 Eier
150 ml Milch
1 Zwiebel
1 Lauchstange
Salz, Pfeffer, Muskat
Butter
300 g Soßengemüse (Karotten, Sellerie, Zwiebeln, Lauch)
400 ml Dunkelbier

Die Kalbsbrust entbeinen und eine Tasche einschneiden.

Die Semmeln fein schneiden. Lauch und Zwiebeln geschnitten in Butter anschwitzen und auf die Semmeln geben. Mit Salz, Pfeffer und Muskat würzen und mit der heißen Milch übergießen. Die Eier dazugeben und alles miteinander vermengen.

Die Kalbsbrust mit der Semmelmasse füllen und mit der Fleischgabel das Fleisch 4–5 Mal von beiden Seiten anstechen, damit die Brust beim Braten nicht aufplatzt. Auf das grob gewürfelte Soßengemüse legen und bei 200 °C Ober- und Unterhitze im Backofen braten. Die Brust immer wieder mit Bier und Bratenfond übergießen. Ca. 2 Stunden braten, in dieser Zeit das Fleisch mehrmals wenden.

Die Kalbsbrust in Scheiben aufschneiden und mit der Dunkelbiersauce servieren.

Leichte Fleischküche und Vegetarisches    Hauptspeisen

Landgasthof zum Adler ***

# Kalbsfilet
## im Strudelteig mit gefüllten Kartoffeln

**Zutaten**

500 g Kalbsfilet
50 g blanchierter Blattspinat,
1 Blatt Strudelteig
Salz, Pfeffer
Öl
4 große gekochte Kartoffeln
1 Eigelb
30 g Butter
50 ml Sahne
Muskat
Salz, Pfeffer

Den ausgerollten Strudelteig mit blanchiertem Blattspinat belegen. Das Kalbsfilet mit Salz und Pfeffer würzen, auf das Spinatbett setzen und einrollen. In einer Pfanne mit etwas Öl rundum anbraten.

Im Backofen bei 170 °C 20–25 Minuten backen.

Die gekochten Kartoffeln aushöhlen. Das Innere mit Butter, Eigelb und Sahne zu einer Masse vermengen. Mit Salz, Pfeffer und Muskat abschmecken und in die ausgehöhlten Kartoffeln füllen. Für ca. 5 Minuten zum Fleisch in den Ofen geben.

**TIPP:** Dazu passt eine Rotweinsoße und Gemüse der Saison mit Sauce Hollandaise.

Leichte Fleischküche und Vegetarisches    Hauptspeisen

Seehotel Dreiklang ****

# Geschmorte Kalbshaxe
## an zitronisiertem Knollengemüse

**Zutaten für 10 Personen**

ca. 3 kg Kalbshaxen

50 ml Olivenöl

200 g Zwiebel, 1 Knoblauchzehe

500 g Gemüsewürfel
(Sellerie, Fenchel, Lauch, Möhren, Petersilienwurzel)

50 g Tomatenmark

300 ml Rotwein

1½ l Braune Kalbsbrühe

frische Kräuter
(Oregano, Rosmarin, Thymian)

Paprikapulver

Salz, Pfeffer

Mehl

**Für das Wurzelgemüse:**

600 g Sellerie, 600 g Möhren

300 g Petersilienwurzel

1 Bund Petersilie

2 Zitronen

Salz, Pfeffer, Muskat

Olivenöl, Zucker

Kalbshaxen mit einem scharfen Messer von den ersten Fettschichten und der Silberhaut befreien. Mit Paprikapulver, Salz und Pfeffer würzen und leicht mehlieren. Anschließend in heißem Öl in einer Schmorpfanne rundum anbraten. Zwiebel würfeln, mit einer zerdrückten Knoblauchzehe und gewürfeltem Gemüse zu den Kalbshaxen geben. Kurz anrösten und Tomatenmark zugeben. Mit dem Wein ablöschen und einkochen lassen. Immer wieder mit Brühe aufgießen und einkochen lassen.

Die Kräuter mit Bratenband zusammenbinden und zum Fleisch geben. Die Schmorpfanne abgedeckt im Rohr bei 160 °C 2 bis 2 ½ Stunden schmoren lassen.

In der Zwischenzeit das Gemüse waschen, putzen und fein würfeln. Kurz in heißem Salzwasser blanchieren.

Olivenöl in einem Topf erhitzen, das Gemüse zugeben, mit Muskat, Salz und Zucker abschmecken und mit dem Saft und dem Abrieb von 2 Zitronen würzen. Vor dem Servieren frisch gehackte Petersilie untermengen.

Die Kalbshaxen aus dem Ofen nehmen. Fleisch und Kräuter aus der Pfanne nehmen und das Gemüse fein pürieren. Mit etwas Rotwein verfeinern und durch ein feines Sieb passieren.

**TIPP:** Dazu passt Kartoffelpüree mit Schnittlauch.

Gut Sonnenhausen

# Kalbsnierchen
## mit Bohnenpüree

### Zutaten

2 Schalotten
500 ml Kalbsfond
100 ml Rotwein
Stärke
1 EL grober Senf
Balsamicoessig
Salz, Pfeffer
20 g kalte Butterwürfel
1 Bund Basilikum
300 g Kalbsnieren
30 g Butterschmalz

### Für das Bohnenpüree:

200 g weiße Bohnen (über Nacht eingeweicht oder aus der Dose)
500 ml Geflügelfond
500 ml weißer Balsamicoessig
1 Schalotte, 1 Knoblauchzehe
1 Lorbeerblatt
Salz, Pfeffer
100 ml Olivenöl

Die Bohnen mit Geflügelfond, Balsamicoessig, geschälten, grob gehackte Schalotte, Knoblauch und dem Lorbeerblatt in leicht gesalzenem Wasser etwa 1 ½ Stunden köcheln lassen. Bohnen durch ein Sieb gießen und mit dem Olivenöl im Mixer pürieren. Bei Bedarf etwas Bohnenkochwasser zugeben. Das Püree durch ein Sieb streichen und mit Salz und Pfeffer abschmecken.

Die Schalotten schälen, grob würfeln und in etwas Butter in der Pfanne glasig dünsten. Mit dem Kalbsfond und Rotwein auffüllen und auf etwa 125 ml einkochen lassen. Durch ein feines Sieb passieren, mit der in kaltem Wasser angerührten Stärke binden und mit Senf und Balsamicoessig abschmecken. Mit Salz und Pfeffer würzen. Kurz vor dem Servieren die eiskalten Butterwürfel einrühren und mit fein geschnittenem Basilikum aromatisieren.

Die Kalbsnieren häuten, entfetten, auswaschen und abtrocknen. Mit Salz und Pfeffer würzen und in einer großen Pfanne mit Butterschmalz 2 Minuten anbraten.

Bei 200 °C im vorgeheizten Backofen 10 Minuten braten. Zwischendurch mit dem Bratfett begießen. Den Herd ausschalten, die Nieren mit Alufolie abdecken, bei geöffneter Ofentür 4 Minuten nachziehen lassen und mit dem Püree servieren.

Wohlfühl- und Biohotel Alpenrose ***

# Kalbstafelspitz
## mit Schupfnudeln und Schnittlauchschaum

### Zutaten

800 g Kalbstafelspitz
200 g Suppengrün
Salz, Pfefferkörner
je 1 Lorbeerblatt, Nelke, Wacholderbeere
½ Zwiebel

### Für den Schnittlauchschaum:

40 g Zwiebel
300 ml Kalbsfond
200 ml Sahne
1 EL Mehl
1 Bund Schnittlauch

### Für die Schupfnudeln:

400 g geriebene gekochte Kartoffeln
(am besten vom Vortag)
100 g Mehl
50 g Kartoffelstärke
1 Eigelb, Mehl

Für den Sud die halbe Zwiebel mit der Schnittfläche nach unten in einem großen Topf anbraten, Kalbstafelspitz und Gewürze dazugeben und mit kaltem Wasser bedecken, zum Kochen bringen und etwa 2 ½ Stunden köcheln lassen.

Für die Schupfnudeln alle Zutaten gut verkneten, aus der Masse fingerdicke Stränge ausrollen und in gleichmäßige Stücke schneiden. Mit der Hand zu Schupfnudeln rollen und in etwas Butter anbraten.

Zwiebel schälen, würfeln und in einer Pfanne mit etwas Öl anschwitzen. Mit Kalbsfond angießen, mit etwas Sahne aufgießen, einreduzieren lassen und mit etwas Mehl binden. Übrige Sahne aufschlagen. Reduzierten Kalbsfond mit geschlagener Sahne aufschäumen und frisch gehackten Schnittlauch unterheben.

Tafelspitz in Scheiben schneiden und mit Schupfnudeln und Schnittlauchschaum servieren.

Biohotel Panorama ***

# Lammrücken
## mit Schupfnudeln

### Zutaten

2 Lammrücken à 180–200g
2 EL Öl
Salz, Pfeffer
100 g Butter
40 g getrocknete Palabirnen
16 ml Palabirnenbrand
30 ml Weißwein
2 EL Weißbrotbrösel
½ TL Kräutersalz

### Für die Schupfnudeln:

400 g gekochte mehlige Kartoffeln
2 Eigelbe
1 EL zerlassene Butter
Salz
Muskat
120 g Mehl

Den Lammrücken von den Sehnen befreien, putzen, salzen und pfeffern und in etwas Öl in einer heißen Pfanne rundum anbraten. Anschließend für 5 Minuten bei 140 °C ins Backrohr geben.

Die getrockneten Palabirnen ca. 20 Minuten in Palabirnenbrand und Weißwein einweichen. Anschließend fein hacken und mit der weichen Butter und den Bröseln verkneten. Mit Kräutersalz abschmecken und in eine Terrinenform, die mit Klarsichtfolie ausgelegt ist, füllen und kaltstellen.

Die ausgekühlte Masse in 3 mm dicke Scheiben schneiden, den vorgebratenen Lammrücken damit belegen und mit Oberhitze bei 200 °C Grad ca. 3 Minuten im Ofen fertig braten.

Die gekochten Kartoffeln durch eine Kartoffelpresse drücken und mit den Eigelben, zerlassener Butter, Salz und Muskat vermischen. Das Mehl dazugeben und rasch zu einem Teig verarbeiten. Aus dem Teig Stücke schneiden und mit beiden Handflächen zu Nudeln formen. Die Nudeln in siedendem Salzwasser ziehen lassen, bis sie an die Oberfläche kommen.

Die fertigen Schupfnudeln kurz in einer Pfanne mit Butter schwenken und mit dem Lammrücken anrichten.

Seehotel Dreiklang ****

# Rosagebratener Lammrücken
## mit Knoblauchpolenta

**Zutaten**

1 Lammrücken (pariert und ohne Knochen)
400 g Saubohnen
4 Schalotten
160 g Polenta
500 ml Gemüsebrühe
40 g Bohnenkraut
20 g Butter
frische Kräuter (Rosmarin, Thymian, Lavendel und Estragon)
100 ml Olivenöl
Salz, Pfeffer
Muskat

Das Fleisch salzen, pfeffern und in einer heißen Pfanne mit etwas Olivenöl scharf anbraten. Je einen Zweig Rosmarin, Estragon, Thymian und Lavendel in das Bratfett legen, die Pfanne vom Herd nehmen und die Butter dazugeben. Mit einem Löffel wiederholt Bratfett über das Fleisch gießen.

Den Lammrücken aus der Pfanne nehmen, zusammen mit den Kräutern auf ein Blech legen und im vorgeheizten Backofen bei 180 °C 5 Minuten garen.

Das Fleisch aus dem Ofen nehmen, mit Alufolie bedecken und 2 Minuten ruhen lassen. Anschließend in Tranchen schneiden.

Den Knoblauch schälen und in feine Würfel schneiden. In einer Pfanne mit etwas Öl anschwitzen und mit Gemüsefond ablöschen. Aufkochen lassen und die Polenta einrühren, mit Muskat würzen und abermals aufkochen lassen. Die fertige Polenta auf ein mit Backpapier ausgelegtes Backblech streichen und auskühlen lassen.

Aus der ausgekühlten Masse mit Keksausstechern Taler ausstechen und mit etwas Butter in einer Pfanne goldbraun braten.

Die Saubohnen in heißem Wasser blanchieren und schälen.

Einen Topf erhitzen, etwas Öl hineingeben und die Bohnen hinzugeben. Mit Salz, etwas Pfeffer und Muskat abschmecken und vom Herd nehmen. Mit gehacktem Bohnenkraut und Butter verfeinern und servieren.

**TIPP:** Saubohnen lassen sich einfach schälen, indem man sie zwischen Daumen und Zeigefinger nimmt und leicht zudrückt.

Landgasthof zum Adler ***

# Lammrücken
## mit Kräuterkruste an Ratatouille-Gemüse und Würfelkartoffeln

### Zutaten

400 g Lammrücken

**Für die Kruste:**

40 g Weißbrot
1 Eigelb, 30 g Butter
1 Knoblauchzehe
etwas Thymian, Rosmarin und Petersilie

**Für das Ratatouille-Gemüse:**

150 g Zucchini, 150 g Auberginen
150 g Paprika
50 g Zwiebeln, 2 Knoblauchzehen
80 g gewürfelte Tomaten
Salz, Pfeffer
Rosmarin, Thymian
Olivenöl

**Für die Würfelkartoffeln:**

400 g Kartoffeln
Öl, Salz, Pfeffer, Thymian

In einer Küchenmaschine die Zutaten für die Kruste zu einer Masse verarbeiten. Mit Salz und Pfeffer würzen.

Knoblauch und Zwiebeln fein schneiden und in Öl anschwitzen. Das in kleine Würfel geschnittene Gemüse dazugeben und anbraten. Anschließend die Tomatenwürfel und die gehackten Kräuter ergänzen und nach Belieben abschmecken.

Die Kartoffeln schälen, würfeln und roh in einer Pfanne mit etwas Öl anbraten. Gelegentlich wenden und mit Salz, Pfeffer und Thymian abschmecken.

Den Lammrücken mit Salz und Pfeffer würzen, scharf von beiden Seiten in heißem Öl anbraten. Das Fleisch mit der Kruste belegen und im Backofen mit Ober--hitze/Grill 3 Minuten überbacken. Den Lammrücken 4 Minuten in Wärme ruhen lassen und in Scheiben aufschneiden.

**TIPP:** Dazu passt Portweinjus.

Biohotel Werratal

# Geschmorte Ochsenbacke

### Zutaten

ca. 1 ½ kg Ochsenbacken
250 g Kalbsknochen
Pflanzenöl
1 Möhre, 1–2 Zwiebeln
1 Sellerieknolle
1 EL Tomatenmark
500 ml Rotwein
745 ml Rinderbrühe
1 Thymianzweig
1 Rosmarinzweig
4 Wacholderbeeren
1 TL schwarze Pfefferkörner
Salz, Pfeffer

Die Ochsenbacken mit Salz und Pfeffer würzen und von allen Seiten im heißen Bräter mit etwas Öl braun anbraten. Die Kalbsknochen dazugeben und alles im Backofen bei 180 °C 30 Minuten braten.

In der Zwischenzeit das Gemüse waschen und in haselnussgroße Würfel schneiden

Das Fleisch kurz aus dem Bräter nehmen und das gewürfelte Gemüse darin anrösten. Das Tomatenmark dazugeben und weiter rösten. Mit dem Rotwein ablöschen und einkochen lassen. Das Fleisch wieder in den Bräter geben und zu zwei Drittel mit der Brühe auffüllen. Thymian, Rosmarin, Wacholderbeeren und schwarze Pfefferkörner dazugeben und den Bräter abgedeckt weitere 60–90 Minuten in den Ofen geben. Nach 1 Stunde mit der Fleischgabel den Garpunkt testen – die Ochsenbacke ist gar, wenn das Fleisch langsam von der Gabel rutscht.

Das Fleisch aus dem Bräter nehmen, den Saucenansatz noch etwas einkochen lassen und anschließend durch ein feines Sieb passieren.

**TIPP:** Dazu passen Möhrenpüree und Quarknocken.

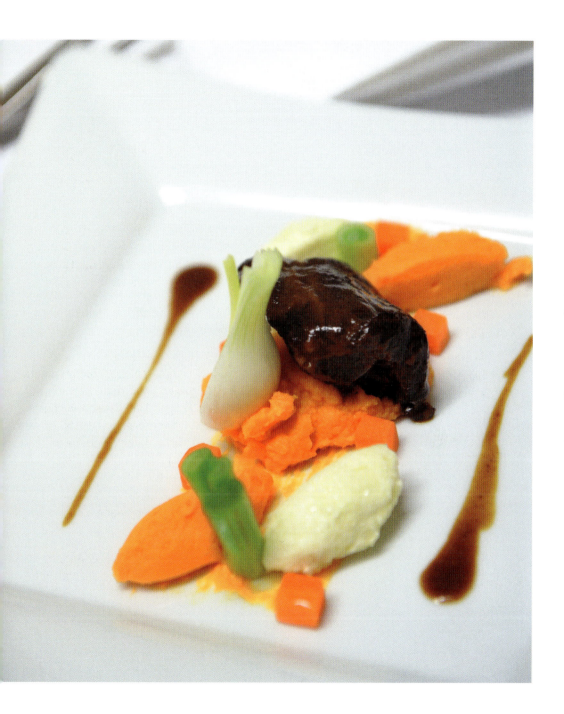

Hotel Alter Wirt ***superior

# Poularde mit Spargel

## Zutaten

1 kg weißer und grüner Spargel
1 Schalotte
4 Freilandpoulardenbrüste mit Haut
Salz, Pfeffer
Pflanzenöl
Olivenöl
Zucker
Zitronenabrieb

Den Spargel schälen und die holzigen Enden entfernen. In einem Topf mit gesalzenem und leicht gezuckerten Wasser bissfest garen und mit kaltem Wasser abschrecken.

Die Poulardenbrüste beidseitig salzen und in wenig Pflanzenöl zuerst auf der Hautseite und dann auf der Fleischseite anbraten. Nach dem Anbraten beidseitig mit Pfeffer würzen. Bei 130 °C in den Backofen schieben und circa 15 Minuten fertig garen.

Den Spargel in einer Bratpfanne mit etwas Olivenöl beidseitig anbraten, die Schalotte schälen, fein würfeln und hinzugeben und mit Salz, Pfeffer und ein wenig Zitronenabrieb würzen.

Das Fleisch in Tranchen schneiden und den Spargel zusammen mit der auftranchierten Poulardenbrust auf den Teller bringen.

# Rehmedaillons
## mit Rahmkohl

### Zutaten

800 g Rehrücken mit Knochen
4 Wacholderbeeren
4 Thymiansträußchen
3 Pfefferkörner
1 Lorbeerblatt
1/2 l Rindsuppe
1/4 l Rotwein
1 Zwiebel, 1 Karotte
1/4 Sellerieknolle
1 EL Preiselbeeren
Öl und Butter zum Braten

### Für den Rahmkohl:

800 g Kohl
100 g Zwiebeln
100 g Speck
40 g Butter
1/4 l Obers
Salz, Pfeffer, Muskatnuss
Kümmel, Knoblauch

---

Den Rehrücken zuputzen und zu 4 Medaillons schneiden. Die Medaillons mit zerdrückten Wacholderbeeren und Thymiansträußchen ca. 60 Minuten marinieren.

Die Rehabschnitte in Öl anrösten, die in Scheiben geschnittene Zwiebel, Karotte und Sellerie mitrösten, etwas Tomatenmark beigeben, braun rösten, mit Rotwein ablöschen und mit Rindsuppe aufgießen. Das Lorbeerblatt, den Thymian, die Wacholderbeeren, die Pfefferkörner und Preiselbeeren beifügen und ca. 2 Stunden kochen lassen. Durch ein feines Sieb abseihen und noch etwas einkochen lassen.

Rehmedaillons mit Salz und Pfeffer würzen, in Öl beidseitig anbraten. Öl abgießen, etwas Butter hinzufügen und im Backrohr ca. 5 Minuten bei 160 °C rosa braten. Fleisch aus der Pfanne heben, warm stellen und den Bratenrückstand mit der Wildsauce aufgießen, kurz durchkochen lassen und passieren.

Für den Rahmkohl den Kohl fein schneiden und kurz überkochen lassen. In Butter den fein geschnittenen Speck und die Zwiebeln anlaufen lassen, Kohl beigeben und mit Obers einkochen. Mit Salz, Pfeffer, Muskatnuss, Kümmel und Knoblauch würzen.

Mit Schupfnudeln servieren.

Hotel Alter Wirt ***superior

# Rosa gebratene Rinderlende
## mit Gemüse vom Grill

### Zutaten

600 g Rinderlende
Salz, Pfeffer
Rosmarin
4 Schalotten
Olivenöl
Balsamico
Fleur de Sel
2 gekochte Kartoffeln
1 Zucchini
1 Aubergine
frische Kräuter nach Belieben

Die Rinderlende beidseitig salzen und in Olivenöl in einer Pfanne anbraten. Mit schwarzem Pfeffer und Kräutern würzen und im Ofen bei 100 °C ganz sachte gar ziehen lassen, bis die Kerntemperatur des Fleisches 50–55 Grad erreicht (ca. 1 ½ Stunden).

Die Schalotten schälen und vierteln. Das restliche Gemüse in schräge Scheiben schneiden und in Olivenöl beidseitig anbraten, salzen, pfeffern und mit geschnittenen Kräutern und Balsamicoessig abschmecken.

Das Fleisch aus dem Ofen nehmen, in Scheiben schneiden und mit dem Gemüse anrichten.

**TIPP:** Dazu schmeckt eine Scheibe Baguette oder Ciabatta.

Burghotel Lenzen *** S

# Rinderstreifen
## auf Schlangengemüse mit Weißweinschaum

### Zutaten

500 g Rindfleisch aus der Hüfte
3 Möhren, 2 Zucchini
2 rotschalige Äpfel
100 g Rucola
Petersilie
2 EL Rapsöl
80 g Butter
2 EL Zucker
Salz, Pfeffer
Rosa Beeren

### Für den Weißweinschaum:

3 Eigelbe
150 ml Weißwein
½ TL Senf
1 EL Zucker
Salz, Pfeffer

**TIPP:** Dazu passt ein krosses Baguette.

Rindfleisch in feine Streifen schneiden und kaltstellen.

Möhren und Zucchini putzen und mit einem Spargelschäler in Streifen schneiden.

Die Äpfel vierteln, vom Kerngehäuse befreien und in Spalten schneiden. Die Apfelspalten in der Pfanne mit 40 g Butter und 1 EL Zucker leicht karamellisieren.

Restliche Butter und Zucker in der Pfanne schmelzen und die Möhrenstreifen dazugeben. Nach ca. 2 Minuten die Zucchinistreifen sowie grob geschnittene Petersilie dazugeben und mit Salz und Pfeffer würzen.

Eigelbe mit Senf, Zucker und Weißwein verrühren und in einer Schüssel über Wasserdampf warm aufschlagen.

Die Rindfleischstreifen kurz in einer sehr heißen Pfanne mit dem Rapsöl anbraten und Rosa Beeren dazugeben.

Rucola waschen, abtropfen und auf Tellern verteilen. Die Apfelstücke kreisförmig darauf verteilen. Gemüse mit einer Gabel eindrehen und auf dem Apfelbett platzieren. Die Fleischstreifen dazugeben und mit Weißweinschaum beträufeln.

Bio-Landhaus Knura

# Schweinerückensteak
## mit Bärlauchrisotto

### Zutaten

500–600 g Schweinerückensteak
Grillgewürz
Pfeffer aus der Mühle

### Für das Risotto:

30 g Bärlauch
100 g Risottoreis
2 EL Olivenöl
2 EL feingehackte Zwiebel
50 ml trockener Weißwein
ca. 500 ml Gemüsesuppe
Salz, Pfeffer
1 EL Butter
1 EL Parmesan
1 EL Olivenöl
Cocktailtomaten

Das Fleisch waschen, trocken tupfen und mit Grillgewürz und Pfeffer einreiben.

Bärlauch gut waschen und trocknen. Einen Teil des Bärlauchs kleinschneiden, den Rest ganz lassen. Währenddessen die Gemüsesuppe erwärmen. In einer Kasserolle Olivenöl erhitzen, die Zwiebel darin andünsten, den Reis zugeben und glasig werden lassen. Mit Weißwein löschen und etwas geschnittenen Bärlauch zugeben.

Nach und nach mit Gemüsebrühe aufgießen, Bärlauch zugeben und einkochen lassen, solange bis der Reis außen gar und innen noch kernig ist und das Risotto eine schöne, cremige Konsistenz hat.

Zum Schluss den restlichen Bärlauch, Butter und den Parmesan einrühren, mit etwas Salz und Pfeffer abschmecken und zugedeckt noch ein paar Minuten ziehen lassen.

Die Steaks mit frischem Pfeffer aus der Mühle und Grillgewürz kurz beidseitig braten, Cocktailtomaten und Bärlauch mit in die Pfanne geben.

Zu den Steaks das Risotto reichen und mit reichlich Parmesan servieren!

Forellenhof - das BIO Landhaus ***

# Rosa gebratenes
# Schweinefilet
### mit Balsamicolinsen

### Zutaten

600 g Schweinefilet
300 g rote Linsen
2 Zwiebeln, 2 Möhren
1 Sellerieknolle
4 gehäutete Tomaten
Olivenöl
Balsamicoessig
Salz, Pfeffer
Chili
Zucker
Rosmarin
1 Bund Petersilie
Balsamico-Creme

Das Filet sauber parieren, waschen und trocken tupfen. Mit Salz und Pfeffer würzen und von allen Seiten kurz in einer Pfanne mit etwas Öl anbraten.

Aus der Pfanne nehmen, eingepackt auf ein Backblech legen und für ca. 10–12 Minuten bei 160 °C in den Ofen schieben.

Die Linsen in einem Topf mit Wasser bissfest garen.

Zwiebeln, Möhren und Sellerie schälen und mit den Tomaten in kleine Würfel schneiden.

Die Zwiebeln in einer Pfanne mit Olivenöl anschwitzen, die Möhren und Sellerie dazugeben, mit Balsamicoessig ablöschen und mit Gemüsebrühe auffüllen. Aufkochen lassen und bei mittlerer Hitze zugedeckt 20 Minuten garen. Die Tomaten und die gekochten Linsen dazugeben und mit Salz, Pfeffer, Chili, Zucker und Rosmarin würzen. Vor dem Anrichten frisch gehackte Petersilie unterheben und mit Balsamico-Creme garnieren.

Bio Hotel Theiners Garten

# Schweinefilet
## im Kartoffelmantel auf gegrilltem Spargel

### Zutaten

600 g Schweinefilet
300 g Kartoffeln
100 ml Olivenöl
je 1 Thymian- und Rosmarinzweig
500 g Spargel
Zucker
Salz, Pfeffer
6 Pfefferkörner
20 g Schalotten
40 ml Weißwein
5 ml Weißweinessig
100 ml Wasser
110 g Eigelb
500 g geklärte Butter
2 gekochte Eier
1 Bund Schnittlauch
Saft von ½ Zitrone

Die Kartoffeln schälen und in sehr feine Streifen schneiden oder raspeln.

Den Spargel waschen, schälen und in Salzwasser mit etwas Zucker ca. 10 Minuten kochen. Spargel aus dem Topf nehmen und abtropfen lassen.

Das Schweinefilet würzen und von allen Seiten in einer Pfanne mit Olivenöl, Thymian und Rosmarin anbraten. Filet in Kartoffelstreifen einschlagen oder mit Kartoffelraspeln bedecken und erneut von allen Seiten anbraten. Anschließend im vorgeheizten Ofen bei 180 °C ca. 8–10 Minuten garen.

Pfefferkörner, gehackte Schalotten, Weißwein, Weißweinessig und 60 ml Wasser auf ein Drittel einkochen lassen, abseihen, den Fond auffangen und etwas abkühlen lassen. Mit dem Eigelb und 40 ml Wasser vermischen und in einer Schüssel über Wasserdampf zu einer luftigen, cremigen Masse aufschlagen. Die Butter erwärmen und langsam unter die geschlagene Ei-Masse heben. Mit Salz, Pfeffer und Zitronensaft abschmecken.

Spargel in einer heißen Grillpfanne kurz auf beiden Seiten grillen. Filet in vier gleiche Stücke teilen und auf dem Spargel anrichten. Mit der Sauce beträufeln. Die hartgekochten Eier fein würfeln und mit gehacktem Schnittlauch über den Spargel geben.

Bio Hotel Theiners Garten

# Schweinerückensteak
## mit Oliven-Kruste

### Zutaten

4 Schweinerückensteaks
100 g grüne Oliven in Öl
125 g Butter
100 g Weißbrotbrösel
Petersilie
Salz, Pfeffer
4 Zucchini
2 rote Paprika
1 Aubergine
4 Tomaten
1 Bund Basilikum
2 EL Olivenöl

Das Fleisch waschen, trocken tupfen und mit Salz und Pfeffer einreiben.

Die Oliven klein schneiden und mit der Butter vermengen, Brotbrösel und gehackte Petersilie darunter mischen und mit Salz und Pfeffer würzen. Die Creme muss weich und geschmeidig sein.

Den Backofengrill vorheizen. Öl in einer schweren Pfanne erhitzen. Die Steaks 3–4 Minuten auf jeder Seite bei mittlerer Hitze anbraten. Dann auf ein Backblech oder in eine Form geben und mit der Olivenpaste bestreichen. Unter den Grill schieben und etwa 3–4 Minuten gratinieren.

Das Gemüse waschen, putzen und in feine Würfel schneiden. Zucchini, Paprika und Auberginen in heißem Öl anbraten und Tomaten und Basilikum dazugeben. Mit Salz und Pfeffer würzen und mit den Steaks anrichten.

Leichte Fleischküche und Vegetarisches    Hauptspeisen

Natur & Kulturhotel Grafenast ***

# Tagliata Grafenast

### Zutaten

800 g Beiried oder Roastbeef
1 Bund grüner Spargel
10 Cocktailtomaten
1 Zitrone
2 Knoblauchzehen
Olivenöl
1 EL Butter

Den Spargel schälen und die holzigen Enden entfernen. Spargelstangen in der Mitte durchschneiden. Die Spitzen mit halbierten Tomaten in einer Pfanne mit Öl, Knoblauch und Butter anschwitzen.

Eine Bratpfanne mit Öl gut vorheizen und das Rindfleisch im Ganzen auf beiden Seiten je ca. 3 Minuten braten. Nicht zu lange, es soll noch rosa sein.

Vor dem Servieren mit dem Saft einer halben Zitrone, Salz und Pfeffer würzen und in dicken Scheiben aufgefächtert auf einer Servierplatte anrichten. Gemüse dazugeben, restliche Zitrone in Spalten dazulegen und mit einem Schuss gutem Olivenöl finalisieren.

Bio Hotel Theiners Garten

# Tagliata vom Rind

### Zutaten

600 g Roastbeef
100 g Rucola
1 EL Zitronensaft
5 TL weißer Balsamicoessig
Salz, Pfeffer
Olivenöl
Fleur de Sel
40 g Parmesan
2 Zitronen
1 Thymianzweig
1 Knoblauchzehe

Olivenöl kurz erhitzen und beiseite stellen. Abgeriebene Zitronenschale, Knoblauch und Thymian zufügen und für eine Stunde ziehen lassen.

Das Roastbeef in zwei große Steaks schneiden und zwischen zwei Gefrierbeuteln flach klopfen.

Rucola waschen. Balsamicoessig, Zitronensaft, Senf, Salz, Pfeffer und 3 EL Öl verrühren und den Salat darin marinieren.

In einer großen Pfanne Öl erhitzen, das Fleisch mit Salz und Pfeffer würzen und bei starker Hitze von jeder Seite etwa 7–8 Minuten anbraten. Danach an einem warmen Ort 5 Minuten rasten lassen. Aufschneiden und auf dem Rucola anrichten. Jeweils mit 1 EL Olivenöl beträufeln. Mit Fleur de Sel und nach Belieben noch mit etwas grob zerstoßenem Pfeffer würzen und den Parmesan darüber hobeln.

**TIPP:** Dazu passen Petersilkartoffeln.

Leichte Fleischküche und Vegetarisches    Hauptspeisen

Biohotel und Vitalzentrum Schlossgut Oberambach

# Tofu-Räucherlachs-Saltimbocca
## mit Pestospaghetti

### Zutaten

200 g Spaghetti
1 Glas Basilikumpesto
400 g Tofu
150 g Räucherlachs
1 Bund Salbei
Öl
100 g Butter
Salz, Pfeffer

Die Spaghetti in Salzwasser al dente kochen. Den Tofu halbieren und nochmals horizontal durchschneiden. Die Tofuscheiben in etwas Öl anbraten und mit Salz und Pfeffer leicht würzen. Aus der Pfanne nehmen und auf jede Scheibe ein Blatt Salbei legen und mit einer Scheibe Räucherlachs umwickeln.

Ca. 20–30 g Salbei klein schneiden. Die Tofu-Lachs-Scheiben nochmals in der Butter ca. 1 Minute auf jeder Seite anbraten und den geschnittenen Salbei zugeben.

Die Spaghetti mit etwas Butter, 1–2 EL Basilikumpesto und einer Prise Salz in einem Topf erwärmen. Auf Tellern mit dem Saltimbocca anrichten und die Salbeibutter darübergießen.

Leichte Fleischküche und Vegetarisches   Hauptspeisen

Bio-Landhaus Knura

# Waldstaudenburger

### Zutaten

160 g Waldstaudenmehl
160 g Weizenmehl
22 g Germ
300 ml Wasser
1 TL Salz
2 EL Olivenöl
Sesam
400 g Rinderfilet
2 Eigelbe
40 g Zwiebel
Chili
Petersilie
Salz, Pfeffer
1 EL Ketchup
1 EL Senf
40 g Weißbrotbrösel
Öl
2 Tomaten
Salat
1 Gurke
1 Zwiebel

Germ in handwarmem Wasser auflösen. Mit Mehl, Salz und Olivenöl zu einem glatten Teig kneten und 1 Stunde ruhen lassen.

Aus dem Teig Kugeln formen, leicht flach drücken und mit Sesam bestreuen. Bei 180 °C ca. 20 Minuten backen.

Das Rinderfilet in ganz feine Würfel schneiden oder faschieren. Zwiebel und Petersilie fein hacken und mit dem Fleisch mischen. Eigelbe und Brösel dazugeben und mit Ketchup, Senf, Salz, Pfeffer und Chili würzen. Alles zu feinen Laibchen formen und in einer Pfanne mit etwas Öl beidseitig goldbraun braten.

Tomaten und Gurken in Scheiben schneiden.

Die Brötchen aus dem Ofen nehmen, aufschneiden und mit Gemüsescheiben, Salat und dem Fleisch belegen.

Gut Sonnenhausen

# Weideschweinkotelett
## mit Ofengemüse

### Zutaten

1 ca. 10 cm dickes Kotelett vom Weideschwein
1 TL Meersalz
2 TL Rohrzucker
1 Rosmarinzweig
1 Thymianzweig
500 g Gemüse der Saison
1 Knoblauchzehe
10 g Ingwer
50 ml Olivenöl
50 ml Portwein
50 ml Schweinefond
Salz, Pfeffer

Mit einem Messer die Fettschicht des Kotelettes rautenförmig einschneiden, mit dem Meersalz einreiben und für 5 Minuten einziehen lassen.

In einer heißen Pfanne auf der Fettseite zuerst anbraten. Die restlichen 3 Seiten anbraten und mit Zucker karamellisieren. Die Pfanne vom Herd nehmen, die Kräuterzweige dazugeben und im Ofen bei 100 °C Umluft für ca. 25–30 Minuten garen.

Das Gemüse würfeln, mit Olivenöl, gehacktem Knoblauch und Ingwer vermischen und auf einem Blech im Ofen für ca. 15 Minuten bissfest garen.

Das Kotelett aus der Pfanne nehmen und abgedeckt kurz ruhen lassen, in der Zwischenzeit die Pfanne wieder auf den Herd stellen und mit Portwein ablöschen. Schweinefond hinzufügen und kurz einkochen lassen.

Das Fleisch in Tranchen schneiden, mit Gemüse anrichten und mit Sauce beträufeln.

Landgasthof zum Adler ***

# Zanderfilet
## mit Limettensauce, Blattspinat und Butterkartoffeln

### Zutaten

600 g Zanderfilet
400 g frischer Blattspinat
4 Kirschtomaten
600 g kleine Kartoffeln
3 Knoblauchzehen
2 Zwiebeln
Rosmarinzweige, Thymianzweige, Blattpetersilie
Salz, Pfeffer, Muskat
150 g Butter
100 ml Sahne
Olivenöl
1 Schuss Weißwein
1 EL Zitronensaft
Fischfond

Die Kartoffeln in der Schale kochen. Danach schälen und in einen Topf mit 70 g Butter geben. Mit einem Deckel abdecken und zur Seite stellen.

Den Blattspinat putzen, den dicken Strunk in der Mitte entfernen und gut waschen.

Eine Pfanne mit Butter erhitzen, eine fein geschnittene Knoblauchzehe, Thymian- und Rosmarinzweige dazugeben. Den mit Salz und Pfeffer gewürzten Zander auf der Hautseite in die Pfanne legen und bei schwacher Hitze ca. 10–12 Minuten braten.

Für die Sauce eine fein geschnittene Zwiebel in Öl anschwitzen und mit einem Schuss Weißwein ablöschen, Zitronensaft dazugeben und reduzieren lassen. Sahne hinzugeben und mit etwas Butter aufmontieren.

Eine weitere Pfanne erhitzen, fein geschnittene Zwiebel und Knoblauch mit Olivenöl anschwitzen, den frischen Blattspinat dazugeben und die Pfanne mit einem Deckel abdecken, nach ca. 20 Sekunden 30 g Butter, Salz, Pfeffer, Muskat und die Kirschtomaten dazugeben, schwenken und wieder abdecken.

Biohotel Feistererhof ****

# Buttermilchschmarrn

**Zutaten**

500 g Buttermilch
6 Eier
150 g Zucker
Vanillezucker
Rum
Salz
300 g Mehl
100 ml Sodawasser
Rosinen
Butter

Buttermilch mit Zucker verrühren, Vanillezucker, Rum und Salz beigeben und das Mehl unterrühren. Die Eier hinzugeben und mit einem Schneebesen unterheben.

Butter in einer Pfanne erwärmen und den Teig einfließen lassen. Rosinen hinzugeben und beidseitig anbräunen und stocken lassen.

Schmarrn in kleine Stücke zerteilen und mit Zucker und Butter karamellisieren.

Hotel Alter Wirt *** superior

# Rhabarber-Streuselkuchen

### Zutaten

375 g weiche Butter
Zitronenabrieb
520 g Weizen- oder Dinkelmehl
225 g Haferflocken
300 g Zucker
1 Prise Salz

### Für die Füllung:

ca. 1,5 kg Rhabarber
4 Eier
20 g Speisestärke
200 g Zucker
250 g Quark
Zitronenabrieb
etwas Vanillezucker

Butter mit Mehl, Haferflocken, Zitronenabrieb, Zucker und Salz zu einem glatten Teig verarbeiten. Zwei Drittel davon ausrollen und auf ein gebuttertes und bemehltes Blech legen. Den Boden ohne Auflage bei 170 °C 12 Minuten vorbacken.

Den übrigen Teig zwischen den Handflächen zu schönen Streuseln reiben. Hierzu muss der Teig eventuell nochmals kurz abgekühlt werden.

Rhabarber putzen und kurz mit heißem Wasser überbrühen.

Eier und Zucker schaumig schlagen und den Quark einarbeiten. Vanillezucker, Zitronenabrieb und Speisestärke hinzugeben.

Die Quarkmasse auf den vorgebackenen Teig geben, mit dem Rhabarber belegen und die Streusel darauf verteilen. Bei 170 °C im Ofen ca. 40 Minuten backen.

Aus dem Ofen nehmen, etwas abkühlen lassen, mit Zucker bestreuen und servieren.

AmVieh-Theater

# Rosinensemmeln

**Zutaten für ca. 6 Stück**

30 g Rosinen
30 g Milch
1 Würfel Hefe
75 g Weizen-Vollkornmehl
75 g Dinkelmehl
75 g Quark
1 Eigelb
45 g Butter
1 TL Honig

Rosinen in heißem Wasser eine halbe Stunde quellen und anschließend abtropfen lassen.

Restliche Zutaten in eine Schüssel geben und ca. 10 Minuten zu einem glatten Teig kneten. Die Rosinen unterheben und den Teig abgedeckt 30 Minuten ruhen lassen.

Den Teig in 6 gleich große Teile teilen und zu Kugeln formen.

Die Teigkugeln auf ein Blech mit Backpapier legen und 20 Minuten bei 30 °C im Backofen gehen lassen und anschließend bei 170 °C 35 Minuten backen.

Landgasthof zum Adler ***

# Kamut-Grießflammerie
## mit roter Beerengrütze an Vanillesauce

### Zutaten

**Grieß-Flammeri:**

35 g Kamut-Grieß
250 ml Milch
35 g Zucker
200 ml Sahne
1,5 Blatt Gelatine
Mark von ½ Vanilleschote

**Rote Beerengrütze:**

160 g Himbeeren
50 g Johannisbeeren
100 g Erdbeeren
20 g Puderzucker

**Erdbeermark:**

50 g Erdbeeren, 20 g Zucker

**Vanillesoße:**

100 ml Sahne, 100 ml Milch
2 Eigelbe, 40 g Zucker
Mark von ½ Vanilleschote
einige Blätter Zitronenmelisse
für die Garnitur

Grießflammerie: Die Milch mit der Vanille aufkochen, Zucker dazugeben, den Grieß einrühren und bei schwacher Hitze 5–8 Minuten köcheln lassen. Die in kaltem Wasser eingeweichte Gelatine dazugeben und auskühlen lassen. Geschlagene Sahne unterziehen und in kleine Förmchen abfüllen.

Rote Beerengrütze: Erdbeeren mit Zucker pürieren. Die Beeren für die Grütze mit etwas Puderzucker marinieren und das Erdbeermark dazugeben.

Vanillesoße: Milch, Sahne und Vanillemark aufkochen, Eigelb mit Zucker schaumig aufschlagen, die heiße Milch-Sahne-Mischung auf das Eigelb geben und zur Rose abziehen, kühl stellen.

Den Flammerie kurz in heißes Wasser tauchen und aus der Form lösen. Mittig auf einem großen Teller anrichten. Die Beerengrütze um den Flammerie drapieren und mit Vanillesauce garnieren.

Mit in feine Streifen geschnittener Zitronenmelisse bestreuen.

# BIO HOTELS

**Landgasthof zum Adler *****
Ravensburger Straße 2
88267 Vogt
Deutschland
www.vogter-adler.de

**Wohlfühl- und Biohotel Alpenrose *****
Auenstraße 1
86825 Bad Wörishofen
Deutschland
www.wohlfuehlhotel-alpenrose.de

**Hotel Alter Wirt ***superior**
Marktplatz 1
82031 Grünwald, Deutschland
www.alterwirt.de

**AmVieh-Theater**
Schafdorn 1
84419 Schwindegg, Deutschland
www.amvieh-theater.de

**Haus AnNatur**
Dellertstraße 14 + 13
26571 Juist, Deutschland
www.annatur.de

**Hotel Balance**
Les Granges
1922 Les Granges, Schweiz
www.vegetarisches-hotel.ch

**Biolandhaus ARCHE**
Vollwertweg 1a
9372 Eberstein, Österreich
www.bio.arche.hotel.at

**Bio-Landpension Monika + Kurblhof**
Weidach 347
6105 Leutasch, Österreich
www.monika-leutasch.com

**Burghotel Lenzen *****
Burgstraße 3
19309 Lenzen/Elbe
Deutschland
www.burghotel-lenzen.de

**Seehotel Dreiklang ******
Plöner Chaussee 21
24326 Ascheberg, Deutschland
www.seehotel-dreiklang.de

**Hotel Eggensberger bio.med.well ******
Enzensbergstraße 5
87629 Füssen-Hopfen am See
Deutschland
www.eggensberger.de

**Biohotel Feistererhof ******
Ramsau 35
8972 Ramsau am Dachstein
Österreich
www.feistererhof.at

**Forellenhof - das BIO Landhaus *****
Brühlstr. 16
35080 Bad Endbach
Deutschland
www.fhof.de

**Natur & Kulturhotel Grafenast *****
Pillbergstrasse 205
6136 Pill/Schwaz, Österreich
www.grafenast.at

**Gut Sonnenhausen**
Sonnenhausen 2
85625 Glonn
Deutschland
www.sonnenhausen.de

**Kenners LandLust**
Dübbekold Nr. 1
29473 Göhrde
Deutschland
www.kenners-landlust.de

**Bio-Landhaus Knura**
Khünburg 13
9620 Hermagor, Österreich
www.knura.at

**Mani Sonnenlink**
24024 Pyrgos, West-Mani
Griechenland
www.mani-sonnenlink.com
www.mani-blaeuel.de

**Menschels Vitalresort ******
**Medical Wellness & Felke**
Naheweinstrasse 65
55566 Meddersheim/
Bad Sobernheim
Deutschland
www.menschel.com

### Naturhotel Faakersee ****
Strandbadstraße 11
9580 Drobollach, Österreich
www.naturhotel-faakersee.at

### Biohotel Ramsauhof
Ramsau 220, 8972 Ramsau/Dachstein
Österreich
www.ramsauhof.at

### Biohotel und Vitalzentrum Schlossgut Oberambach
Oberambach 1, 82541 Münsing
Deutschland
www.schlossgut.de

### Biohotel Panorama ***
Staatsstrasse 5, 39024 Mals, Italien
www.biohotel-panorama.it

### Landgut Tiefleiten
Tiefleiten 16, 94139 Breitenberg
Deutschland
www.landgut-tiefleiten.de

### Bio Hotel Theiners Garten
Andreas-Hofer-Straße 1
39010 Gargazon
Italien
www.theinersgarten.it

### Biohotel Werratal GmbH *** superior
Buschweg 40, 34346 Hann. Münden
Deutschland
www.biohotel-werratal.de

Impressum: Das Werk, einschließlich aller seiner Teile, ist urheberrechtlich geschützt. Jede Verwertung außerhalb des Urheberrechtsgesetzes ist ohne Zustimmung der Hubert Krenn VerlagsgesmbH unzulässig und strafbar. Das gilt insbesondere für Vervielfältigungen, Übersetzungen, Mikroverfilmungen sowie die Einspeicherung und Verarbeitung in elektronischen Systemen. Die in diesem Buch veröffentlichten Ratschläge sind mit größter Sorgfalt von den von den Autorinnen und Autoren erarbeitet und geprüft worden. Eine Garantie kann jedoch nicht übernommen werden. Ebenso ist eine Haftung des Verlags und seiner Beauftragten für Personen-, Sach- oder Vermögensschäden ausgeschlossen. Jede gewerbliche Nutzung der Arbeiten und Entwürfe ist nur mit Genehmigung der Hubert Krenn VerlagsgesmbH gestattet.

Cover, grafische Gestaltung: Marianne Prutsch
Lektorat: Inge Krenn, Melanie Hill
Fotografie: Andrea Knura, fotolia.com (Valeriy, Maceo, Guido Vrola, VRD, demachy, Anja Kaiser, canicula, Brad Pict, Marek, mihi, kromkrathog, Elena Schweitzer, Kumbabali, marog-pixcells, photo-crew, Omika, K.-U. Häßler, atoss, gagou, dream79, Vitaly Raduntsev, Delphimages, Wolfgang Mücke)
Druck und Bindung: Druckerei Theiss GmbH, 9431 St. Stefan

© Hubert Krenn VerlagsgesmbH, Wien 2014, Printed in EU
ISBN 978-3-99005-169-6

 Gedruckt nach der Richtlinie des Österreichischen Umweltzeichens „Druckerzeugnisse", Druckerei Theiss GmbH, Nr. 869

# „Wir kochen vegan"
## von Melanie und Siegi Kröpfl

In den vergangenen Jahren und Jahrzehnten haben sich besonders viele unterschiedliche Ernährungs-Philosophien durchgesetzt. Alles eine Geschmacksfrage?

Nicht ganz, denn eines steht fest: Wer etwas auf sich hält, speist zumindest ab und zu ganz bewusst rein pflanzlich. Kein Wunder, bedeutet die vegane Ernährung doch einen Gewinn für die Umwelt, für die Tiere und für die menschliche Gesundheit. Eine Philosophie, die allen zugute kommt und den viel zitierten Nachhaltigkeitsgedanken vom Feld bis auf den Teller verfolgt.

Melanie und Siegi Kröpfl, Wir kochen vegan, Veganer Genuss für die ganze Familie
176 Seiten, durchgehend bebildert, 19 x 24 cm, gebunden, ISBN 978-3-99005-181-8, € 19,95

**Hubert Krenn VerlagsgesmbH**

Gußhausstraße 18, A-1040 Wien, T +43 1 585 34 72, F +43 1 585 04 83, www.hubertkrenn.at